Novena

SANTA TERESITA

Por Neftalí Báez

CORAZÓN
RENOVADO

UN POCO DE HISTORIA

Teresa Martín (Alençon, Francia, 2 de enero de 1873) tuvo una vida breve pero muy espiritual. Conoció la penumbra de la enfermedad y las tribulaciones del alma.

A los 4 años perdió a su madre: Celia Guérin. Entonces el padre de Teresita, Luis Martín, se la llevó a Lisieux. A los 10 años la invadieron jaquecas, ataques y dolores que venían de un mal violento pero desconocido. Entonces un día recibió el milagro de Nuestra Señora de Las Victorias (Virgen de la Sonrisa) quien la sanó por completo. Desde entonces continuaría bajo otras pruebas. Era una jovencita muy sensible pero siempre tenía a Dios en su vida: "Desde los tres años no he negado nada a Dios". Luego de muchos intentos logró ser aceptada a los 15 años como monja de los Carmelitas Descalzos en Lisieux. Su determinación por salvar almas la hizo interesarse por la del criminal Pranzini, quien luego murió en el cadalso besando un crucifijo. La espiritualidad de Teresita, el amor y sus milagros la descubrieron santa. Murió de tuberculosis a los 24 años. La nombraron patrona de las misiones y doctora de la Iglesia. Cayó una lluvia de rosas tras su fallecimiento en 1897.

UN MILAGRO DE SANTA TERESITA

Es conocido el milagro concedido a Henri Pranzini, condenado por el asesinato brutal de dos mujeres y una niña. El desdichado espíritu del homicida causó en Teresita un sentimiento de maternidad espiritual por lo que ella se encomendó a la salvación de su alma. Pranzini nunca aceptó la ayuda de ningún padre confesor ni mostró arrepentimiento. El milagro ocurrió el día de su ejecución cuando logró zafarse del verdugo ante la guillotina y arrebatarle el crucifijo al padre para después besar los sagrados estigmas y entregarse a Cristo. Fue ejecutado ya convertido en el primer "hijo" de Santa Teresita.

ORACIÓN DIARIA

Santa Teresita del Niño Jesús, salvadora y niña, llena de flores nuestra cruz con tu poesía cristalina. Juan Pablo Segundo, de la Iglesia te nombró doctora porque nos sanas siempre con tu infancia protectora.

Patrona de misiones, artesana del favor más necesario, nos enseñas que Amar es dar todo, y es darse, de tu amor milenario. Tu grande misión en el mundo fue aterrizarnos el cielo. Santa de toda misión, santa toda milagrosa, dame hoy tu gran bendición derramada en cada rosa.

HAGA SU PETICIÓN

Aquí estoy hincado a tus pies. Con la luz de tus quinqués que no tienen comparación alumbra a este humilde feligrés que viene a hacerte esta petición.

Te ruego con todo mi corazón me concedas... (Se hace la petición)

Esto es un asunto de interés te suplico tu atención me des. Concédeme lo que te pido en esta ocasión y con tu divina protección me ayudes, para que seas tú siempre mi salvación.

Padre Nuestro, que estás en el cielo, santificado sea tu nombre; venga a nosotros tu reino; hágase tu voluntad, en la tierra como en el cielo. Danos hoy nuestro pan de cada día; perdona nuestras ofensas, como también nosotros

perdonamos a los que nos ofenden; no nos dejes caer en la tentación, y líbranos del mal. Amén.

Dios te salve, María, llena eres de gracia, el Señor es contigo. Bendita tú eres entre todas las mujeres, y bendito es el fruto de tu vientre: Jesús. Santa María, Madre de Dios, ruega por nosotros, pecadores, ahora y en la hora de nuestra muerte. Amén.

Gloria al Padre, al Hijo y al Espíritu Santo. Como era en el principio, ahora y siempre, por los siglos de los siglos. Amén.

PRIMER DÍA

Tú llorabas por haber llorado y viste la Faz del Niñito, Llévame por el sendero dorado, haz de flores mi caminito. A ti te lo pido y no tengo más que hoy, cumple mi favor que de la Patria Cielo otro hijo ya soy. A tu nombre dedico las obras que hago ahora para los hombres, así como ellos por ti me cargan el alma hasta las cumbres. Lanzo una rosa blanca con tus oraciones breves. Concede mi favor, santa, tú que todo lo puedes.

Padre Nuestro, que estás en el cielo, santificado sea tu nombre; venga a nosotros tu reino; hágase tu voluntad, en la tierra como en el cielo. Danos hoy nuestro pan de cada día; perdona nuestras ofensas, como también nosotros perdonamos a los que nos ofenden; no nos dejes caer en la tentación, y líbranos del mal. Amén.

Dios te salve, María, llena eres de gracia, el Señor es contigo. Bendita tú eres entre todas las mujeres, y bendito es el fruto de tu vientre: Jesús. Santa María, Madre de Dios, ruega por nosotros, pecadores, ahora y en la hora de nuestra muerte. Amén.

Gloria al Padre, al Hijo y al Espíritu Santo. Como era en el principio, ahora y siempre, por los siglos de los siglos. Amén.

SEGUNDO DÍA

Haznos como tú, crecer en gracia y en estatura religiosa, Sálvanos de perecer en nuestra diaria aventura peligrosa. A ti confío mi salvación, como salvaste de la muerte espiritual al asesino, al de mala suerte: al criminal que volviste peregrino. Pruebas si soy fiel en la fragilidad de la grandeza humana, por eso tiro hoy un clavel en señal de la sensibilidad y la pobreza hermana. Con esta oración me enseñas que el amor generoso de sí se olvida, y me haces saber que el todopoderoso de su gracia siempre nos convida.

Padre Nuestro, que estás en el cielo, santificado sea tu nombre; venga a nosotros tu reino; hágase tu voluntad, en la tierra como en el cielo. Danos hoy nuestro pan de cada día; perdona nuestras ofensas, como también nosotros

10

perdonamos a los que nos ofenden; no nos dejes caer en la tentación, y líbranos del mal. Amén.

Dios te salve, María, llena eres de gracia, el Señor es contigo. Bendita tú eres entre todas las mujeres, y bendito es el fruto de tu vientre: Jesús. Santa María, Madre de Dios, ruega por nosotros, pecadores, ahora y en la hora de nuestra muerte. Amén.

Gloria al Padre, al Hijo y al Espíritu Santo. Como era en el principio, ahora y siempre, por los siglos de los siglos. Amén.

TERCER DÍA

Santa Teresita, doctora de la Iglesia, doctora de amor, siempre proveedora del más grande favor. Eres flor bendecida por la tormenta, tú que estuviste siempre entre barrotes de convento, dame recuerdos sin nubarrones y dame aliento. Arrojo en rosas amarillas las jaculatorias de tus poesías, dame el escape del pecado para traer a mi vida maravillas. Tu silencio nunca ha empezado, yo sé que me quitas el dolor de haber tropezado. Del Niño Jesús santa eres y niña poetisa, cúranos como a ti la luz de la virgen de la sonrisa.

Padre Nuestro, que estás en el cielo, santificado sea tu nombre; venga a nosotros tu reino; hágase tu voluntad, en la tierra como en el cielo. Danos hoy nuestro pan de cada día; perdona nuestras ofensas, como también nosotros perdonamos a los que nos ofenden; no nos dejes caer en la tentación, y líbranos del mal. Amén.

Dios te salve, María, llena eres de gracia, el Señor es contigo. Bendita tú eres entre todas las mujeres, y bendito es el fruto de tu vientre: Jesús. Santa María, Madre de Dios, ruega por nosotros, pecadores, ahora y en la hora de nuestra muerte. Amén.

Gloria al Padre, al Hijo y al Espíritu Santo. Como era en el principio, ahora y siempre, por los siglos de los siglos. Amén.

CUARTO DÍA

Santa entre las altas almas, Teresita, eres la brisa fragante de la aurora. Date toda a nosotros, canta, tráeme tu voluntad rectora. Eres artista, pincelito que colorea el carácter de la gente, salvaste tras tu muerte a un entero monasterio de la ruina. Dios nos da el pan nuestro de cada día. Las flores Teresita le da a Jesús todavía. Pero nosotros, como abejas, libamos la miel de todas ellas en demasía. Cumple por voluntad del mundo, hoy mi gran favor, como yo cumplo y doy la humildad de nuestro Señor.

Padre Nuestro, que estás en el cielo, santificado sea tu nombre; venga a nosotros tu reino; hágase tu voluntad, en la tierra como en el cielo. Danos hoy nuestro pan de cada día; perdona nuestras ofensas, como también nosotros

perdonamos a los que nos ofenden; no nos dejes caer en la tentación, y líbranos del mal. Amén.

Dios te salve, María, llena eres de gracia, el Señor es contigo. Bendita tú eres entre todas las mujeres, y bendito es el fruto de tu vientre: Jesús. Santa María, Madre de Dios, ruega por nosotros, pecadores, ahora y en la hora de nuestra muerte. Amén.

Gloria al Padre, al Hijo y al Espíritu Santo. Como era en el principio, ahora y siempre, por los siglos de los siglos. Amén.

QUINTO DÍA

Santísima Teresita, eres toda adoración, que igual hace llorar de devoción que desternillase de risa. Caminito de confianza sencilla y amorosa, tráeme poquito de tu templanza que brilla y de tu sed fervorosa. Teresita, tú que fuiste descalza carmelita, ya me hiciste misionero de todo aquel que te necesita. Es día de aventar una rosa roja y con tu ejemplo rezar a que tu piedad nos recoja. Dame templanza, dame sosiego, yo te pido por mi favor, por mi carencia. Pero si puedes dar a otro más necesitado, dale lo que era para mí, dale tu presencia.

Padre Nuestro, que estás en el cielo, santificado sea tu nombre; venga a nosotros tu reino; hágase tu voluntad, en la tierra como en el cielo. Danos hoy nuestro pan de cada día;

perdona nuestras ofensas, como también nosotros perdonamos a los que nos ofenden; no nos dejes caer en la tentación, y líbranos del mal. Amén.

Dios te salve, María, llena eres de gracia, el Señor es contigo. Bendita tú eres entre todas las mujeres, y bendito es el fruto de tu vientre: Jesús. Santa María, Madre de Dios, ruega por nosotros, pecadores, ahora y en la hora de nuestra muerte. Amén.

Gloria al Padre, al Hijo y al Espíritu Santo. Como era en el principio, ahora y siempre, por los siglos de los siglos. Amén.

SEXTO DÍA

Sabia Teresita, nos enseñaste a vivir la vida de buen modo, para que tras la muerte siga bien vivita del todo. Tú pediste al Señor que nos libre de santos amargados y devociones absurdas, ayuda por favor al de políticas derechas y al de las zurdas. Deja caer hoy una violeta, una oración, una opereta, siempre tu bendición, tu esperanza y la del profeta. Te pido un favor pero me das un milagro importante, hazme recordar entre dos eternidades esta vida: este instante.

Padre Nuestro, que estás en el cielo, santificado sea tu nombre; venga a nosotros tu reino; hágase tu voluntad, en la tierra como en el cielo. Danos hoy nuestro pan de cada día; perdona nuestras ofensas, como también nosotros perdonamos a los que nos ofenden; no nos dejes caer en la tentación, y líbranos del mal. Amén.

Dios te salve, María, llena eres de gracia, el Señor es contigo. Bendita tú eres entre todas las mujeres, y bendito es el fruto de tu vientre: Jesús. Santa María, Madre de Dios, ruega por nosotros, pecadores, ahora y en la hora de nuestra muerte. Amén.

Gloria al Padre, al Hijo y al Espíritu Santo. Como era en el principio, ahora y siempre, por los siglos de los siglos. Amén.

SÉPTIMO DÍA

Teresita, santa, gracias por tanto de ti, Dios al séptimo día descansó, por eso hoy yo me quedo aquí. Mi corazón pide por todos, pide también por mí. Tú dijiste que una sencilla mirada al cielo, o un grito de gracias, un grito de amor, eso era, Teresita, la muy verdadera oración. Hoy regalo una margarita en tu nombre, adentro va mi oración quedita, para que se arrepienta el malo y se despierte el Hombre. Tú que no cumples caprichos y mejor nos das valor, dame la fuerza para pedirte perdón.

Padre Nuestro, que estás en el cielo, santificado sea tu nombre; venga a nosotros tu reino; hágase tu voluntad, en la tierra como en el cielo. Danos hoy nuestro pan de cada día; perdona nuestras ofensas, como también nosotros

perdonamos a los que nos ofenden; no nos dejes caer en la tentación, y líbranos del mal. Amén.

Dios te salve, María, llena eres de gracia, el Señor es contigo. Bendita tú eres entre todas las mujeres, y bendito es el fruto de tu vientre: Jesús. Santa María, Madre de Dios, ruega por nosotros, pecadores, ahora y en la hora de nuestra muerte. Amén.

Gloria al Padre, al Hijo y al Espíritu Santo. Como era en el principio, ahora y siempre, por los siglos de los siglos. Amén.

OCTAVO DÍA

Hoy te pido, Teresita, pues no encuentro plegarias en ningún libro, escoge Una frasecita con palabras de mi vida que yo no imagino. No hace falta tanta novena para tener tu favor, pero quiero ofrecerte sin pena mi gran cosecha-da oración. Tú dijiste que si cada florecita hablara daría gracias a Dios, pues yo te digo que sus aromas también te cantan, Teresita del Niño Jesús. Las abejas que reparten su polen, también son tus misioneros. En la miel nos das las gracias, nos dices hermanos y nos haces pioneros.

Padre Nuestro, que estás en el cielo, santificado sea tu nombre; venga a nosotros tu reino; hágase tu voluntad, en la tierra como en el cielo. Danos hoy nuestro pan de cada día; perdona nuestras ofensas, como también nosotros perdonamos a los que nos ofenden; no nos dejes caer en la tentación, y líbranos del mal. Amén.

Dios te salve, María, llena eres de gracia, el Señor es contigo. Bendita tú eres entre todas las mujeres, y bendito es el fruto de tu vientre: Jesús. Santa María, Madre de Dios, ruega por nosotros, pecadores, ahora y en la hora de nuestra muerte. Amén.

Gloria al Padre, al Hijo y al Espíritu Santo. Como era en el principio, ahora y siempre, por los siglos de los siglos. Amén.

NOVENO DÍA

Santa Teresita del Niño Jesús, me enseñaste tu caminito y ya puedo hacer algo grande por ti y por El Santo Niñito. Si cada oración se volviera un ala de vuelo, ya trazaría el mapa para encontrarte en el cielo. Pero tú estás acá conmigo, en la rosa, en el áster, en la miosota y el lirio. Tú, dulce Teresita, ofreciste los pasos del dolor en tu enfermedad, por la buenaventura de un misionero heraldo de tu caridad. Ruega por mis hermanos, ruega por mí. Te brindo mis manos, ayudemos al prójimo ahora y aquí.

Padre Nuestro, que estás en el cielo, santificado sea tu nombre; venga a nosotros tu reino; hágase tu voluntad, en la tierra como en el cielo. Danos hoy nuestro pan de cada día; perdona nuestras ofensas, como también nosotros

perdonamos a los que nos ofenden; no nos dejes caer en la tentación, y líbranos del mal. Amén.

Dios te salve, María, llena eres de gracia, el Señor es contigo. Bendita tú eres entre todas las mujeres, y bendito es el fruto de tu vientre: Jesús. Santa María, Madre de Dios, ruega por nosotros, pecadores, ahora y en la hora de nuestra muerte. Amén.

Gloria al Padre, al Hijo y al Espíritu Santo. Como era en el principio, ahora y siempre, por los siglos de los siglos. Amén.

ORACIÓN FINAL

Santa Teresita: para un gran favor se te reza y tu poesía se recita. Al esperar tu bendición hacemos en tu nombre, Teresita otros tantos favores que nuestro prójimo también necesita.

Tus obras, tus flores y tu caminito, nos bajan hoy tu infancia espiritual, tu cielo y la humildad. Porque contigo reímos y lloramos, bendícenos.

Padre Nuestro, que estás en el cielo, santificado sea tu nombre; venga a nosotros tu reino; hágase tu voluntad, en la tierra como en el cielo. Danos hoy nuestro pan de cada día; perdona nuestras ofensas, como también nosotros perdonamos a los que nos ofenden; no nos dejes caer en la tentación, y líbranos del mal. Amén.

Dios te salve, María, llena eres de gracia, el Señor es contigo. Bendita tú eres entre todas las mujeres, y bendito es el fruto de tu vientre: Jesús. Santa María, Madre de Dios, ruega por nosotros, pecadores, ahora y en la hora de nuestra muerte. Amén.

Gloria al Padre, al Hijo y al Espíritu Santo. Como era en el principio, ahora y siempre, por los siglos de los siglos. Amén.

Papá Dios: que tu sabiduría nos guíe; que tu luz ilumine nuestro camino; que tu amor nos de paz; que tu poder nos proteja, y que por donde quiera que caminemos, tu presencia nos acompañe. Gracias Papá Dios que ya nos oíste. Amén.